194/70

1796

Q   8094

La Beaumelle

L'auteur de ce Salon(1) embellit ce Séjour,
Où le fixaient la paix, et l'hymen, et l'amour;
De Maintenon, bien jeune, il fit son héroïne;

Son ami, son conseil du bon la Condamine;
En les plaçant auprès de lui,
D'un devoir filial je m'acquitte aujourd'hui.

(1.) Salon des Illustres (au Château de la Nogarède.)

NOTICE

SUR

DEUX LIVRES RARISSIMES

QUI FONT PARTIE DE MA BIBLIOTHÈQUE,

ACCOMPAGNÉE DE *PENSÉES* INÉDITES DE LA BEAUMELLE, ET D'UNE
LETTRE AUTOGRAPHE DE LA CONDAMINE, RELATIVE A LA PREMIÈRE
INCARCÉRATION DE L'AUTEUR DES *PENSÉES* A LA BASTILLE ;

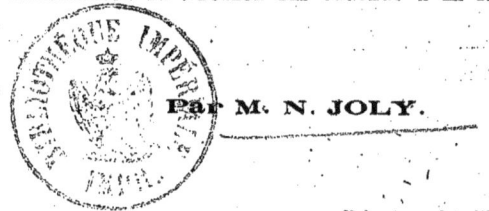

Par M. N. JOLY.

« *Habent sua fata libelli* ».

TOULOUSE
IMPRIMERIE DOULADOURE
ROUGET FRÈRES ET DELAHAUT, SUCCESSEURS
Rue Saint-Rome, 39
—
1870

Extrait des Mémoires de l'Académie impériale des Sciences, Inscriptions et Belles-Lettres de Toulouse.

NOTICE
SUR DEUX LIVRES RARISSIMES

QUI FONT PARTIE DE MA BIBLIOTHÈQUE, ACCOMPAGNÉE DE *PENSÉES* INÉDITES DE LA BEAUMELLE, ET D'UNE LETTRE AUTOGRAPHE DE LA CONDAMINE, RELATIVE A LA PREMIÈRE INCARCÉRATION DE L'AUTEUR DES *PENSÉES* A LA BASTILLE;

Par M. N. JOLY.

« *Habent sua fata libelli* ».

MESSIEURS,

Notre siècle est un siècle éminemment curieux. Sans parler de l'ardeur presque fiévreuse avec laquelle il scrute tous les secrets de la Nature, en interroge les lois, en tire une foule d'inventions fécondes en applications utiles au bien-être de l'humanité, on dirait que peu satisfait du présent, il se réfugie dans le passé pour le faire revivre à nos yeux, pour nous en rappeler les origines les plus lointaines ou les plus obscurs souvenirs. Si cette assertion avait besoin de preuves, je les trouverais facilement sans sortir de notre vieille cité, et même sans franchir l'enceinte de cette Académie.

Des noms que vous entourez de votre affectueuse estime viendraient bientôt sous ma plume, si je ne savais qu'ils se présentent d'eux-mêmes à votre esprit, et si je ne craignais, tant je connais leur modestie, d'être accusé par eux de faire un panégyrique, au lieu d'une histoire vraie. Voici maintenant un autre de nos compatriotes « très-savant aussi, mais beaucoup plus modeste que savant » (1), qui se cache sous le pseudonyme

---

(1) Expressions de M. Eusèbe Lisard dans la *Minerve de Toulouse*. — Nov. 1869, p. 261.

de Saint-Ybarr pour enrichir la *Minerve de Toulouse* d'une étude fort intéressante sur les *Mémoires de Mme de Maintenon*, par Angliviel de la Beaumelle, cette victime un peu hargneuse de Voltaire et de sa propre destinée. Mais les livres eux-mêmes ont aussi leurs destins : « *Habent sua fata libelli.* » L'auteur de l'étude bibliographique à laquelle je fais en ce moment allusion confirme une fois de plus la vérité de cet adage, en nous apprenant par quel heureux hasard il a pu mettre la main sur un exemplaire des *Mémoires pour servir à l'histoire de Mme de Maintenon*, exemplaire imprimé avant les nombreuses mutilations que la censure fit subir à cet ouvrage de La Beaumelle.

Il nous apprend encore que les exemplaires pareils au sien sont excessivement rares, qu'il n'en réchappa qu'un petit nombre, disséminés aujourd'hui dans huit ou dix bibliothèques de France et d'Angleterre. Enfin, il nous dit, d'après Quérard (*France littéraire*, article La Beaumelle), que les exemplaires de l'édition originale sur papier de Hollande ont été vendus au prix de 160 et même de 320 fr.

Bien que je ne sois pas précisément un *bibliophile pur sang*, c'est-à-dire, suivant la spirituelle définition de notre confrère M. Baudouin, « *un sauveur d'épaves, un conservateur bénévole des œuvres de l'esprit humain* (1), » grande fut ma joie lorsque j'appris que j'étais, sans m'en douter, le possesseur privilégié de l'un de ces exemplaires rarissimes des Mémoires de Mme de Maintenon, qui, en 1757, avaient échappé comme par miracle aux yeux de lynx de la police française. La préface elle-même n'a pas été expurgée ; en un mot, mon exemplaire, imprimé à Amsterdam, en l'année 1756, sur papier ordinaire et aux dépens de l'auteur, est resté vierge de ces mutilations, au prix desquelles seulement La Beaumelle put acheter sa sortie de ce fameux donjon de la Bastille, où ses témérités juvéniles et la haine de Voltaire l'avaient fait enfermer pour la seconde fois. Enfin, et pour n'omettre aucun détail relatif à mon livre, afin de ne pas passer sous silence le fait auquel j'attache le plus de

---

(1) Voy., dans la *Minerve de Toulouse*, livraison d'octobre 1869, p. 220, le spirituel article de M. Ad. Baudouin, intitulé : *Le Bibliophile.*

prix, je dirai que l'exemplaire que je possède m'a été offert, il y a plus de vingt ans, par Mme Aglaé Gleizes, fille de La Beaumelle, et que le bon colonel Gleizes, notre si regretté confrère, a tracé de sa main, sur la première page, ces mots affectueusement significatifs : *Don posthume de l'auteur*. (Voy. à la fin, note A.)

Une autre perle de mon très-modeste écrin, c'est un exemplaire des PENSÉES de La Beaumelle (6e édition), ayant appartenu à l'auteur lui-même, annoté de sa main, et augmenté par lui de *pensées* nouvelles, dont les unes ont paru dans la 7e édition, imprimée à Berlin en 1753, et dont les autres, je crois, n'ont jamais été livrées à la publicité. Malheureusement, l'ouvrage est incomplet : sur 292 pages que contenait l'édition de 1752 (la 6e, imprimée à Londres, chez Nourse), il en manque plus de la moitié ; mais, par une heureuse compensation, les pages qui restent semblent avoir été celles où l'auteur a fait le plus de corrections, d'additions et de révélations. Je dis *révélations ;* car on sait que dans les exemplaires des éditions antérieures à la 7e, un certain nombre de *pensées* (1) sont expri-

---

(1) Une soixantaine à peu près sur 522, nombre total de celles dont se compose l'édition berlinoise de 1753. La mienne, imprimée à Londres en 1752, chez Nourse, n'en renferme que 423. J'ai quelques feuillets (les 5 derniers) d'une édition imprimée je ne sais où, ni en quelle année, qui renfermait 450 pensées. Celles qui portent les chiffres 445, 446 et 447 présentent des *lacunes* qui, je crois, n'ont jamais été expliquées. Dans le but de donner une idée du système adopté par l'auteur pour l'expression de ces pensées que, pour une raison quelconque, politique ou autre, il désirait couvrir d'un voile peu transparent, il me suffira de transcrire deux ou trois d'entre elles.

Les voici avant et après l'explication de l'énigme :

Pensée 369, p. 261, 6e édition (Londres 1752).
Je vous conseille, Monseigneur, disait le Cardinal Du Bois au Duc d'Orléans, d.v.e. de c. p. de p. m. elle d.u.g.p., et moi q. v. p. j. e. v. f. t. d. v. f. a. r.

Pensée 369, p. 263, 7e édition (Berlin 1753.)
Je vous conseille, Monseigneur, disait le Cardinal Du Bois au Duc d'Orléans, de vous emparer de cette place de premier Ministre. Elle donne un très-grand pouvoir, et moi qui vous parle, j'ai été vingt fois tenté de vous faire arrêter.

Pensée 390, p. 262, 6e édition (1).
La nob..... est c. p. l. s. J. c. n. l. f. q..... d'Israel.
Non rétablie dans mon édition.

Pensée 389, p. 268, 7e édition.
La noblesse est consacrée par l'Ecriture sainte. J. C. n'est le fils de D, que parce qu'il descend d'un des meilleurs *gentilhommes* (sic) d'Israel.
Voir aux *lacunes*, p. 21.

(1) Par suite d'une erreur typographique, le chiffre de la *pensée* 373 a été remplacé, dans la 7e édition, par le numéro 374. De là, et à partir de ce dernier chiffre, un défaut de concordance numérique entre les *pensées* des deux éditions.

mées par des mots écrits en toutes lettres, mêlés à de simples initiales, les unes et les autres disséminées parmi des lignes de points, véritables hiéroglyphes, presque plus difficiles à déchiffrer que ceux dont le génie de Champollion nous a révélé le sens mystérieux.

Sorti de la plume bien jeune encore de La Beaumelle (1), attribué d'abord à Montesquieu, le livre MES PENSÉES fut imprimé pour la première fois (en 1751) à Copenhague, où l'auteur avait été appelé pour occuper une chaire de littérature française, qu'il quitta bientôt après pour s'établir momentanément à Berlin. «*Habent sua fata libelli* », disions-nous tout à l'heure. La destinée de celui-ci fut des plus singulières. Très-favorablement accueilli dès sa naissance, avidement recherché, acheté fort cher (40 fr. l'exemplaire), nous dit Quérard, il fut bientôt proscrit et même saisi par la police française. Chose plus fâcheuse encore, il attira sur la tête de La Beaumelle une de ces inimitiés vengeresses, une de ces haines implacables qui malheureusement ne sont pas l'apanage exclusif des dévots de mauvais aloi. Voltaire lui-même, malgré tout son génie (et c'est là une tache éternelle pour sa gloire), Voltaire ne sut pas se défendre de ces colères passionnées qui l'entraînèrent à des excès regrettables, non-seulement envers les *Frérons* et les *Nonottes* de son temps, mais encore et surtout envers La Beaumelle, l'une de ses victimes les plus connues, sinon les plus dignes de cette célébrité.

Tout le monde sait quelle fut l'origine de l'animosité de l'auteur de *Zaïre* contre l'auteur des *Pensées*. Arrivé à Berlin, celui-ci se présente chez Voltaire, qui était alors fort en crédit auprès du roi de Prusse, et avait déjà échangé quelques lettres avec son nouveau visiteur. — Prêtez-moi, dit le poëte à La Beaumelle, un exemplaire de vos *Pensées*. La Beaumelle accède à ce désir. Lui parti, le favori des Muses et de Frédéric-le-Grand ouvre le livre, et y lit le passage qui suit :

« Qu'on parcoure l'histoire ancienne et moderne, on ne trouvera pas d'exemple de prince qui ait donné 7,000 écus de pension à un homme de lettres à titre d'homme de lettres. Il y a

---

(1) Il avait alors à peine 26 ans.

eu de plus grands poëtes que Voltaire, il n'y en eut jamais de si bien récompensés. Le roi de Prusse comble de bienfaits les hommes de talent, précisément par les mêmes raisons qui engagent un petit prince d'Allemagne à combler de bienfaits un bouffon ou un nain (1). »

Voltaire, personne ne l'ignore, Voltaire était par son tempérament, et plus encore en sa qualité de poëte, de cette race éminemment irritable qui a produit les Juvénal, les Perse, les Régnier, les Boileau et tant d'autres, dont la douce Muse s'est transformée, dans l'occasion, en furie vengeresse. Que l'on songe à tout le fiel qui dut bouillonner dans l'âme du poëte si bien renté, lorsqu'il eut achevé la lecture du passage où il lui était fait une si cruelle injure. *Indè iræ.*

Surexcitées alors par la liaison récente de La Beaumelle avec Maupertuis, comme elles le furent plus tard par son édition *coupable*, *scandaleuse*, *falsifiée* (expressions de Voltaire), du siècle de Louis XIV, ces colères ne s'apaiseront pour un moment que quand l'auteur de l'insulte expiera son forfait à la *Bastille*, et lorsque le favori de la cour de Berlin sera lui-même sous le coup de la disgrâce que lui infligeait un monarque dont il avait été d'abord l'ami, et dont il ne cessa jamais d'être l'adulateur patenté.

La lettre suivante, adressée par Voltaire à M. Roques, en juillet 1753, suffit à elle seule pour prouver tout à la fois le repentir tardif et passager du poëte, son attachement « passionné » pour Frédéric, et la tristesse amère des réflexions que lui inspirait sa disgrâce encore toute récente.

« Je suis fâché à présent, Monsieur, d'avoir répondu à La Beaumelle avec la sévérité qu'il méritait. On dit qu'il est à la Bastille ; le voilà malheureux, et ce n'est pas contre les malheureux qu'il faut écrire. Je ne pouvais deviner qu'il serait enfermé dans le temps même que ma réponse paraissait. Il est vrai qu'après tout ce qu'il a écrit avec une si furieuse démence contre tant de citoyens et de princes, il n'y avait guère de pays dans le monde où il ne dût être puni tôt ou tard ; et je sais, de science cer-

(1) LA BEAUMELLE, *Mes Pensées*, 7e édit. BERLIN, 1753, p. 317.

taine, qu'il y a deux cours où on lui aurait infligé un châtiment plus capital que celui qu'il éprouve. Vous me parlez de votre amitié pour lui, vous avez apparemment voulu dire pitié.

» Il était de mon devoir de donner un préservatif contre la scandaleuse édition du siècle de Louis XIV, qui n'est que trop publique en Allemagne et en Hollande.

» J'ai dû faire voir par quel cruel artifice on a jeté ce malheureux auteur dans cet abîme. Je vous répète encore, Monsieur, ce que j'ai mandé au roi de Prusse ; c'est que, si les choses dont vous m'avez bien voulu avertir, et que j'ai sues par tant d'autres, ne sont pas vraies ; si Maupertuis n'a pas trompé La Beaumelle, tandis qu'il était à Berlin, pour l'exciter contre moi ; si Maupertuis peut se laver des manœuvres criminelles dont la lettre de La Beaumelle le charge, je suis prêt à demander pardon publiquement à Maupertuis ; mais aussi, Monsieur, si vous ne m'avez pas trompé, si tous les autres témoins sont unanimes ; s'il est vrai que Maupertuis, parmi les instruments qu'il a employés pour me perdre, n'ait pas dédaigné de me calomnier, même auprès de La Beaumelle, et de l'exciter contre moi, il est évident que le roi de Prusse me doit rendre justice.

» Je ne demande rien, sinon que ce prince connaisse qu'après lui avoir été passionnément attaché pendant quinze ans, ayant enfin tout quitté pour lui dans ma vieillesse, ayant tout sacrifié, je n'ai pu certainement finir par trahir envers lui des devoirs que mon cœur m'imposait. Je n'ai d'autre ressource que dans les remords de son âme royale, que j'ai crue toujours philosophe et juste. Ma situation est très-funeste ; et quand la maladie se joint à l'infortune, c'est le comble de la misère humaine. Je me console par le travail et par les belles-lettres, et surtout par l'idée qu'il y a beaucoup d'hommes qui valent cent fois mieux que moi, et qui ont été cent fois plus infortunés. Dans quelque situation cruelle que nous nous trouvions, que sommes-nous pour oser murmurer ?

» Au reste, je ne vous ai rien écrit que je ne veuille bien que tout le monde sache, et je peux vous assurer que, dans toute cette affaire, je n'ai pas eu un sentiment que j'eusse voulu cacher. Je suis, Monsieur, etc. » (1).

Nous possédons une lettre autographe et inédite de *La Condamine* qui a trait à cette malheureuse affaire, et que nous croyons utile de reproduire ici.

On sait que La Beaumelle a non-seulement commenté la *Henriade*, mais encore qu'il a eu la bizarre et imprudente idée d'en refaire des passages d'une assez grande étendue. Mais on sait moins généralement qu'il a composé, pendant sa première détention à la Bastille, une tragédie intitulée *Virginie ou le Décemvirat*.

Telle était la rigueur de sa captivité que, privé d'encre, de plumes et de papier, il se vit obligé de graver ses vers, avec la pointe d'une aiguille, sur des assiettes d'étain. Il en écrivit ainsi environ sept cents, qu'il paraît avoir recopiés ensuite dans un manuscrit resté inédit, parmi ceux qu'il a laissés à sa famille. C'est aux rigueurs inouies de cette première détention à la Bastille que semble faire allusion la lettre de La Condamine; elle les confirme et a pour but d'y mettre un terme. Cette lettre, datée du 29 avril 1752, est adressée à MM. de la Cour, rue Beaubourg, et elle porte encore le cachet (en cire) de l'illustre Académicien.

La voici fidèlement transcrite :

29 Avril 1752 (?)

« J'ai oublié de vous dire, Messieurs, qu'il seroit à propos de demander avec instance à Mʳ Berryer (2) non seulement permission pour porter à M de La Beaumelle sa malle avec son linge et ses papiers, mais aussi pour que son petit laquais le suivît ce qui lui procureroit peut être un meilleur logement et l'agrément, qui est grand pour un prisonnier, d'avoir quelqu'un à qui parler. D'ailleurs il ne lui coûteroit rien. M. Berryer est bien disposé. Je lui ai écrit pour le remercier et lui demander la malle les papiers et la liberté d'écrire, et je lui ai aussi parlé du

---

(1) VOLTAIRE, Recueil de Lettres, tom. IV, p. 30.
(2) Lieutenant de police.

laquais car il ne peut trouver mauvais cette demande. Le petit garçon attend aussi ce qu'on fera de lui. C'est à vous, Messieurs, d'insister, et j'aurois fort souhaité que Mʳ Berryer eut reçu votre lettre avant son départ pour Versailles ou il aura rendu compte de tout au ministre. Du reste j'ai lieu de croire que dans ce qui dépendra de lui, il ne se rendra pas fort difficile. M. de Montesquieu est arrivé, je l'ai manqué d'un moment. Je verrai M. Silhoette (1) dès qu'il sera de retour, c'est auprès de M le D. d'Orléans qu'il faut agir, c'est de lui qu'on s'est servi et on a parlé en son nom. M. Dupin pourra peut être vous en apprendre davantage. J'ai l'honneur d'être tres parfaitement, Messieurs, votre très humble et très obéissant serviteur

» La Condamine.

» J'ai encore oublié de vous dire que M. de La Beaumelle m'avoit chargé de bien des remerciments pour vous des peines qu'il vous donne et qu'il se recommande à vos bontés. »

La lettre qu'on vient de lire (2) honore trop La Condamine pour que j'aie cru devoir la passer sous silence. De plus, elle assigne à la première détention de La Beaumelle une date différente de celle qu'indiquent ses biographes (3).

---

(1) M. de Silhouette, chancelier du duc d'Orléans.

(2) Nous en avons scrupuleusement reproduit ici l'orthographe et la ponctuation.

(3) La lettre de La Condamine est datée, nous l'avons vu, du 29 avril 1752. Elle fait évidemment allusion à l'emprisonnement récent de La Beaumelle à la Bastille. Dans sa lettre à M. Roques (voy. ci-dessus, p. 7,), du mois de juillet 1753, Voltaire en parle comme d'un fait actuel. Or, la note communiquée à Quérard (*France littéraire*, loc. cit.) assigne à cette première détention la date du 22 avril 1753. M. Chéron, auteur de l'article Beaumelle (La), inséré dans la Biographie universelle *Michaud*, et M. Lavallée, dans le tome Iᵉʳ de la *Correspondance générale de Mᵐᵉ de Maintenon*, indiquent la date du 23. Il en est de même des *Mémoires historiques et authentiques sur la Bastille*, publiés en 1784. Enfin, Beuchot, l'un des éditeurs des OEuvres de Voltaire, M. Maurice Angliviel de La Beaumelle, et la *France protestante*, fixent à la première incarcération de l'auteur des *Pensées* la date du 24 avril 1753. Nous avons tout lieu d'être surpris de ces divergences, ou plutôt nous cesserons de nous en étonner, si nous voyons La Beaumelle lui-même assigner deux dates différentes à sa première arrestation. On lit, en effet, ce qui suit dans sa *Correspondance* avec Voltaire :

« Au mois d'avril 1753, Mᵐᵉ Denis, votre nièce, parut à l'audience de M. le comte d'Argenson, armée de trois volumes de l'édition d'Eslinger, remplissant

Enfin, elle nous informe des démarches que firent ses amis pour adoucir les rigueurs de sa captivité. A ces divers titres, elle nous a paru devoir trouver sa place dans cette *Notice* tout à la fois historique et bibliographique.

Mais je reviens à ce livre malencontreux qui suscita tant de tempêtes et décida, presque à lui seul, de toute la vie de La Beaumelle. L'exemplaire des *Pensées* qui, par une singulière bonne fortune, est venu prendre rang sur les rayons de ma bibliothèque, est, dans toute l'acception du mot, une *épave sauvée du naufrage*, après avoir été ensevelie pendant bien des années sous des flots de paperasses, les unes sans valeur aucune, les autres d'un prix que je ne veux point exagérer. Permettez-moi de vous dire comment je me suis fait *sauveur* de cette épave.

C'était en 1847. Je recevais chez Mme Aglaé Gleizes, alors fort âgée, mais toujours aussi spirituelle que bonne, la plus gracieuse et la plus cordiale hospitalité. Je me figure encore être dans ce selon que l'auteur des Pensées avait transformé en une espèce de Panthéon de toutes les gloires nationales du grand siècle, en face de tous ces portraits d'hommes et de femmes illustres, au milieu desquels se distingue la figure narquoise de La Beaumelle, aux lèvres fines et légèrement pincées, au front large et découvert, à la tête ornée sur les côtés de boucles parallèlement

---

l'antichambre de ses clameurs, montrant à tout le monde un trait du troisième tome contre feu M. le Régent, et protestant au ministre que M. le duc d'Orléans était fort irrité contre moi. J'appris cette scène par un des spectateurs. Je restai tranquille et me disposai à réfuter la calomnie.

Cependant, *le 25 du même mois*, je fus arrêté par l'ordre du Roi.

D'un autre côté, dans le Journal rédigé par La Beaumelle pendant son premier séjour à la Bastille, nous trouvons le passage qui suit (*) :

A la Bastille, ce dimanche, 29 avril 1753.

« Je fus arrêté *le 24 avril*, à dix heures du matin (c'était un mardi). Après une visite fort polie de mes papiers, qui dura deux heures, j'aurais pu m'échapper ; mais il aurait fallu sortir de France, et je veux y vivre et y mourir... »

(*) Des fragments de ce Journal, et notamment celui que nous citons, ont été insérés par MM. Alboise du Pujol et Aug. Maquet, dans leur *Histoire de la Bastille*. Il est donc infiniment probable, pour ne pas dire certain, qu'en datant sa lettre du millésime 1752, au lieu de 1753, La Condamine aura commis un *lapsus calami* d'autant plus facile à concevoir, qu'il était alors vivement préoccupé du sort de son jeune protégé. La Beaumelle appelle La Condamine *le meilleur des hommes et le plus tendre des amis*.

étagées les unes au-dessous des autres, tandis que la partie postérieure de la chevelure retombe sur le cou et va se cacher en partie dans un énorme catogan.

Je me figure encore être au milieu de cette bibliothèque poudreuse, sur les rayons de laquelle dorment, depuis longues années, des volumes dont mon indiscrète curiosité vient troubler la douce quiétude, après tant de querelles, tant de débats irritants, tant d'injures, de calomnies et de persécutions dont ils ont été le prétexte ou l'objet.

Tout le siècle de Louis XIV, tout le règne de Louis XV, sont là qui ressuscitent devant moi, avec leurs glorieux souvenirs, avec leurs splendeurs si ruineuses, leurs victoires si chèrement achetées, leurs grands hommes, quelquefois si petits, leurs beautés si ambitieuses ou si décevantes, enfin, avec les faiblesses de cœur et les défaillances d'esprit des deux rois.

Mais quelle n'est pas mon émotion lorsque, parcourant des yeux les retraites les plus cachées du sanctuaire, j'aperçois, dans un angle obscur, quelques feuilles détachées comme celles du livre de la Sybille antique, et quand sur l'une d'elles, de couleur différente des autres, je lis ce titre attractif : *Mes pensées*. Sans perdre un instant, je me hâte de rassembler ces feuilles éparses ; mais, ô disgrâce ! bon nombre d'entre elles manquent à l'appel que j'en fais anxieusement sur les lieux mêmes.

Qu'importe, d'ailleurs ? Ces pages incomplètes, annotées, modifiées, raturées par la main de l'auteur ont, à mes yeux, une valeur bibliographique incontestable ; elles peuvent en avoir une plus grande encore pour des juges plus compétents que moi. Bibliophile et presque bibliomane improvisé, je demande et j'obtiens la permission d'emporter mon trésor, sans me douter assurément que j'aurais le plaisir et l'honneur de l'étaler à vos regards, et d'en faire l'objet d'une lecture académique.

Encore une fois, je n'en saurais douter, *habent sua fata libelli*.

Pardonnez-moi, Messieurs, ces détails un peu longs, un peu minutieux peut-être, relatifs à la genèse du petit in-12 que vous avez maintenant sous les yeux. Il est temps de vous faire connaître les nouveautés ou les singularités qu'il renferme sous son enveloppe plus que séculaire, rajeunie ou plutôt dissimulée sous son manteau moderne.

En comparant ce volume aux éditions antérieures et à celle qui l'a immédiatement suivi, je trouve avec l'édition de Copenhague une première différence. D'abord, l'épître dédicatoire, au lieu de porter en tête les initiales d'apparence un peu cabalistique A. M. F., porte écrits en toutes lettres les mots : *A mon frère*, et elle nous apprend que toutes les pensées mises au jour par notre auteur appartiennent, dit-il, à ce frère, « qu'elles ont été presque toutes puisées dans sa conversation. »

L'épître se termine par ces lignes originales, où se trouve une antithèse quelquefois tristement vraie. « Oubliez pour quelques instants que vous êtes mon ami. Mais croyez toujours que, malgré les liens du sang, je vous aime aussi tendrement que si je n'étois pas obligé de vous aimer. »

Signé : Gonia de Palayos. Traduction grecque (1) du nom d'Angliviel : c'est Voltaire lui-même qui nous l'apprend.

Quel était ce frère si respecté, si tendrement aimé? Un homme distingué sans aucun doute. Quérard nous dit qu'il se nommait *Jean*, qu'il était avocat, de trois ans seulement plus âgé que l'auteur des *Pensées*, qu'il fut son collaborateur pour la publication d'un journal périodique et manuscrit, intitulé : *Gazette de la Cour, de la Ville et du Parnasse*, et qu'il mourut à Valleraugue (Gard), lieu de sa naissance, le 9 avril 1842.

C'est chez lui que la police se rendit, au mois de janvier 1752, pour opérer la saisie du livre proscrit par elle. Mais elle n'en trouva que deux exemplaires. Les quarante-huit autres envoyés par La Beaumelle avaient été déjà distribués.

Quant à Voltaire, voici le châtiment qu'il infligeait encore, vingt-trois ans plus tard (en 1775), à la mémoire de l'auteur des *Pensées*.

« Qui croirait qu'un gredin ait imprimé, en 1752, dans un livre intitulé : *Mes pensées*, les mots que voici, et qu'il croyait dans le vrai goût de Montesquieu :

« Une république qui ne seroit formée que de scélérats du

---

(1) Et non danoise!... comme dit la note communiquée à Quérard.

» premier ordre, produiroit bientôt un peuple de sages, de
» conquérants et de héros. Une république fondée par Cartou-
» che auroit eu de plus sages lois que la république de Solon.
» La mort de Charles Ier a fait plus de bien à l'Angleterre,
» que n'en aurait fait le règne le plus glorieux de ce prince.
» Les forfaits de Cromwell sont si beaux, que l'enfant bien
» né n'entend point prononcer le nom de ce grand homme sans
» joindre les mains d'admiration. »

« Ces PENSÉES ont été pourtant réimprimées; et l'auteur de la seconde édition mettait au titre : *septième édition* pour encourager à lire son livre. Il le dédiait à son frère. Il signait *Gonia Paluios*. *Gonia* signifie angle; *Palaios*, vieux; son nom, en effet, est *l'angle vieux*. Il s'est fait appeler *La Beaumelle*. C'est lui qui a falsifié les *Lettres de Madame de Maintenon*, et qui a rempli les *Mémoires de Maintenon* de contes absurdes et des anecdotes les plus fausses » (1).

Est-ce assez de fiel? Est-ce assez d'acharnement envers un ennemi qui n'est plus? Non : car dans un poëme que, pour la gloire de Voltaire, on voudrait n'avoir pas à citer, l'auteur du siècle de Louis XIV fait figurer La Beaumelle parmi une troupe de garnements.

> Qui, dans Paris payés pour leur mérite,
> Allaient ramer sur le dos d'Amphitrite.

Puis, il suppose que s'approchant du chef de file des ces galériens, Charles VII lui demande quelques détails sur ses compagnons de vice et d'infortune. Voici la réponse du « Sycophante : »

> Pour le dernier de la noble séquelle,
> C'est mon soutien, c'est mon cher La Beaumelle.
> De dix gredins qui m'ont vendu leur voix
> C'est le plus bas, mais c'est le plus fidèle.
> Esprit distrait, on prétend que parfois,
> Tout occupé de ses œuvres chrétiennes,
> Il prend d'autrui les poches pour les siennes.

---

(1) VOLTAIRE, *Mélanges de littérature, d'histoire et de philosophie*, tom. v, p. 334. *Les honnêtetés littéraires*, n° XVI. Notons que Voltaire commet ici une légère erreur. La signature placée à la fin de l'épître dédicatoire est *Gonia de Palajos*, et non *Gonia Palaios*.

Il est d'ailleurs si sage en ses écrits,
Il sait combien pour les faibles esprits
La vérité souvent est dangereuse,
Qu'aux yeux des sots sa lumière est trompeuse,
Qu'on en abuse; et ce discret auteur,
Qui toujours d'elle eut une sage peur,
A résolu de ne jamais la dire (1).

La Beaumelle avait juré de poursuivre Voltaire jusque dans les enfers : celui-ci est peut-être plus cruel encore, il met son ennemi au bagne.

Détournons les yeux de ce triste tableau, et occupons-nous maintenant des corrections, additions et révélations opérées par La Beaumelle lui-même et écrites de sa propre main dans l'exemplaire dont j'ai pu rassembler les débris.

Une question préalable se présente d'abord à notre examen. L'édition dont cet exemplaire faisait partie est-elle bien réellement la sixième? Nous aurions lieu d'en douter, si nous devions nous en rapporter aux assertions de Voltaire comme à autant d'articles de foi : car, dans son *Supplément au siècle de Louis XIV*, p. 498 (2), l'auteur s'exprimait ainsi : « Il (La Beaumelle) changeait, pour le bien de la chrétienté, des feuillets de son chef-d'œuvre du *Qu'en dira-t-on* (3) dans toutes les grandes villes où il passait. Il substituait, de province en province, un feuillet à un autre : il mettait à la tête de *Mes Pensées* cinquième, sixième édition. Il disait son avis, dans une page nouvelle, du pays d'où il venait de sortir, et parlait de tous les princes de la manière la plus flatteuse : car il leur supposait à tous la plus grande clémence. »

D'un autre côté, dans sa *Lettre sur ses démêlés avec Voltaire*, La Beaumelle affirme que, de 1751 à la fin de 1752, son livre des *Pensées* eut plus de six éditions, et il indique le nom des villes où chacune d'elles fut imprimée. Succès de scandale! dirat-on peut-être, mais aussi succès de curiosité pour l'œuvre,

(1) VOLTAIRE. La *Pucelle d'Orléans*, chant XVIII, p. 295. 1775.
(2) Edition *Beuchot*, Paris, 1830, tom. xx.
(3) Epigraphe de la première édition du livre MES PENSÉES, prise par l'éditeur pour le titre lui-même.

étonnante à bien des égards, de ce jeune philosophe de vingt-six ans. Du reste, nous laissons aux bibliographes de profession le soin de décider cette question, qui a son importance, et pour la solution de laquelle M. N. Saint-Ybarr a bien voulu nous fournir des documents que l'on trouvera dans la note B (à la fin).

Quoiqu'il en soit, la septième édition (celle imprimée à Berlin en 1753) se distingue de celles qui l'ont précédée, en ce que la plupart des lignes de points, substituées aux mots dans ces dernières, sont remplies ici dans un appendice de vingt-deux pages, placé à la fin du volume, sous le titre de *Lacunes*. Or, c'est précisément avec un exemplaire de cette édition, pourvu de l'appendice, que j'ai pu comparer le volume qui est en ma possession depuis 1847.

De cette comparaison il résulte :

1° Que mon exemplaire, où les blancs ont été remplis de la main de La Beaumelle lui-même, paraît avoir servi, du moins en très-grande partie, à former l'appendice désigné sous le nom de *Lacunes*, qui se trouve placé à la fin de l'édition berlinoise de 1753 :

2° Qu'il existe certaines lacunes qui, comblées dans mon texte en partie imprimé, en partie manuscrit, ne le sont pas, ou le sont autrement dans cette même édition de 1753 :

3° Qu'un certain nombre de pensées nouvelles et inédites se trouvent dans mon volume, et ne se trouvent que là.

Les pages suivantes, à deux colonnes, mettront sous les yeux du lecteur les ressemblances et les différences qui existent entre mon exemplaire et ceux de l'édition de 1753, notamment avec celui qu'a bien voulu me prêter M. N. Saint-Ybarr et celui que possède la *Bibliothèque publique* de Toulouse, lequel ne diffère en rien du précédent.

PENSÉES ET LACUNES QUI OFFRENT ENTRE-ELLES DES DIFFÉRENCES DANS LES DEUX ÉDITIONS.

EXEMPLAIRE DE M. JOLY.	EXEMPLAIRE DE M. SAINT-YBARH.
(Edition de Londres, 1752.)	(Edition de Berlin, 1753.)
Pensée 47, p. 40.	Pensée 47, p. 44.
Avant les mots : tout prince, etc. La Beaumelle a écrit ce qui suit : *Oh ! si les rois savaient combien leurs ministres leur font dire de sottises, leurs ambassadeurs de mensonges, combien leurs intendants leur font commettre d'injustices et leurs fermiers exercer de violences !*	L'addition ci-contre (*en italique*) ne figure pas dans la 7ᵉ édition.
Pensée 59 (par erreur 61), p. 54.	Pensée 59, p. 58.
Dans cette *pensée* intitulée : *Dernières pages du testament d'un courtisan*, figure à la p. 58, après les mots : que son teint (ligne dernière), le précepte suivant, assurément peu évangélique.	
Pardonnez à vos ennemis, jamais à vos amis.	Ne figure pas ici.
Pensée 89, p. 96.	Pensée 89, p. 98.
Elle se terminait par ces mots ; que l'auteur a biffés. « *Tout y va (dans les Empires et dans les Conseils) comme il plaît à Dieu.* »	Les mots soulignés ci-contre écrits à la main, puis biffés dans l'exemplaire Joly, figurent ici dans leur intégrité.
	lacune, p. 1.

Pensée 183, p. 163.
Corinthe ne nous considère plus; Sparte nous méprise, Philippe nous insulte. lacune.

Pensée 183, p. 166, lig. 1.
De la molesse (sic), *de la plupart des autres princes.* lacune.

Pensée 264, p. 229, lig. 2.
Lacune non remplie dans mon édition.

Pensée 274, p. 233.
*Le conseil des Amphictions ressembloit à la Diète de Ratisbonne. Mais ce conseil jugeoit de tous les différends des princes et des villes qui étaient dans la Confédération, au lieu que la Diète a laissé au conseil Aulique le soin de juger les causes des membres de l'Empire, à peu près comme si le conseil de la Grèce eut souffert qu'un roi de Macédoine, se fût arrogé le droit d'évoquer à soi les affaires des membres de la Ligue.
Le collége électoral est le maître, etc.*
Le reste comme ci-contre.

Pensée 274, p. 234, lig. 17
Dépendance.

Pensée 274, lig. 21.
Sujets.

Pensée 274, lig. 22.
Les princes Allemands sont princes protégés, princes vassaux, princes sujets. Ils dépendent de l'Empereur par abus; d'un voisin plus puissant par faiblesse; de leurs

Pensée 183, p. 162.
Sparte nous hait, Corinthe nous méprise, Philippe nous insulte.
lacune, p. 1.

Pensée 183, p. 164, lig. 21.
De la lâcheté des autres princes.
lacune, p. 2.

Pensée 264, p. 224, lig. 23.
Ce prince (qui tire toute sa force du gouvernement militaire) marche *à grands pas vers la ruine de ses voisins.*

Pensée 274, p. 229.
Le collége électoral est le maître. Il élit l'Empereur, il dresse la capitulation. A la faveur de la léthargie des Etats, il s'est *emparé de toute la puissance. Que reste-t-il à la Diète?*

N. B. Les mots en italique indiquent une lacune remplie.

Pensée 274, p. 230, lig. 10.
Servitude, *lacunes*, p. 4.

Pensée 274, lig. 15.
Esclaves, *lacunes*, p. 4.

Cette pensée, écrite à la main dans mon exemplaire, se retrouve imprimée dans l'exemplaire Saint-Ybarr.

Etats par institution ; de l'Empire par nécessité. Que de maîtres ! Que de chaînes !

Un prince allemand assez petit pour être condamné par le conseil Aulique, assez malheureux pour être dans le ressort d'un voisin puissant, grand ami de l'exécution des sentences utiles, est-il libre ? Ne me rompez point la tête de vos droits, de vos privilèges, pendant que vous vivez que je suis le plus fort, disait Pompée aux Mamertins.

Pensée 278, p. 235,
Sans que les liens soient rompus.
Fin de la pensée 278.
La direction de l'assemblée et (et non est) un grand nom.

Pensée 278, p. 230.
Sans que la Constitution en souffre, *lacunes*, p. 5.
Le reste comme dans le manuscrit, sauf un *est* pour un *et*, qui donne lieu à un contre-sens ou plutôt à un non-sens. La direction de l'assemblée *est* (lisez *et*) un grand nom.

Pensée 279, p. 236.
Les mots *de Weztlar, juridiction, également* ne se trouvent point rétablis ici : en revanche, p. 238, la lacune qui commence à la ligne 5, après les mots *Loix fondamentales*, est rétablie ainsi qu'il suit : l'Empereur ne peut toucher aux Loix particulières ; les Etats peuvent casser les Loix fondamentales, et *la bulle d'or même, quand il leur plaira. Cette bulle soumet l'Empereur, en tant qu'Empereur, à l'électeur palatin, par devant lequel il doit répondre* de toutes les demandes formées contre

Les mots en italique ci-contre ne sont point rétablis dans l'exemplaire St-Ybarr.

lui. Il y a un monarque pour la commodité de l'administration.

Pensée 280, p. 239, lig. 10, après :

Voilà tout le mystère, on lit : *Qui a donc agrandi la puissance de l'Empereur ? Le bonheur qu'a eu la maison d'Autriche de se maintenir sur le trône ; les usurpations des couronnes de Bohême et de Hongrie rendues héréditaires ; le fantôme de Turc présenté à propos ; le pouvoir de distribuer les fiefs*, la vénalité des Jurisconsultes, la prééminence, et plus que tout cela l'ignorance et la paresse des princes et des électeurs.

Pensée 281, p. 239, ligne dernière, après Philippe.

A force de frapper, de corrompre, de menacer et de flatter, la nouvelle maison d'Autriche asservira l'Allemagne, *si les princes ne se réveillent*.

Pensée 282, p. 241.

La couronne de Prusse a un peu altéré la constitution de l'Empire, *ou pour mieux dire tend à la ramener à ses premières règles, telles que peuvent le permettre les abus consacrés par le temps et la nécessité.*
L'Empereur ne voit dans l'électeur de Brandebourg qu'un ami présent. Il eût dû craindre un ennemi, et ne pas donner à cet ennemi un titre qui le rendait indépendant, ou qui du moins autorisait des votes d'indépendance,

Pensée 280, p. 234, lig. 21.

Après mystère, on lit dans l'appendice : Ce qui a agrandi la maison d'Autriche, c'est le prétexte du bien public, la faveur des conjonctures, la vénalité des jurisconsultes, la prééminence, le faste du Trône, et plus que tout cela, l'ignorance des princes et des électeurs, *dont il faut voir le portrait dans Hippolitus a Lapide.*

Pensée 281, p. 235.

Ici le mot *flatter* n'existe pas et au lieu de : si les princes ne se réveillent, on lit : si le Brandebourg ne s'y oppose. Lig. dernière, au lieu de un *Décret*, seulement, lisez : un *Décret de Vienne*.

Voyez, lacunes, p. 9.

Pensée 272, par erreur, au lieu de 282, p. 236.

La couronne de Prusse a un peu altéré (lacunes p. 10) la Constitution de l'Empire. C'est Théodoric, roi des Goths, et préfet de l'Empire en Italie. Il eut bien voulu être Empereur et succéder à Anastase, ou le détrôner ; mais il fallait se faire catholique. Il se serait bien fait catholique, mais ses sujets étaient zélés Ariens.

actes qu'en un autre temps l'Empire eût pu traiter d'actes de rébellion. Le nouveau roi de Prusse devenait pour l'Empereur ce que Théoderic, roi des Goths et préfet de l'Empire en Italie, devint pour Anastase par la réunion de ces deux qualités.

Théoderic eut bien voulu être Empereur et succéder à Anastase, ou le détrôner, mais il fallait se faire catholique. Il se serait bien fait catholique, *mais il ne pouvait mettre à profit son catholicisme que par les secours de ses sujets*, et ses sujets étaient zélés Ariens.

Pensée 283, p. 244.

La pensée commence ainsi :
C'étoit un prince guerrier, politique, savant. Il se levoit à cinq heures du matin, étoit simple dans ses habits, *singulier dans ses goûts*, ardent dans ses projets. Il avoit à ses gages de beaux esprits *qui portaient son nom aux climats les plus éloignés;* il corrigeoit les lois, etc.....

Ligne dernière :
Mais il *étoit si puissant que* tout le monde en fut étonné et qu'un courtisan s'écria : JURAT NOBIS PER QUEM JURAMUS.

Pensée 284, p. 242.
L'Electeur de Brandebourg autrefois ordonné par l'Empereur est aujourd'hui requis. Dans vingt ans il sera prié. *Qui croirait que c'est la couronne de Pologne, mise en gage pour une très-petite somme entre les mains d'un marquis de*

Pensée 283, p. 236.
Comme ci-contre, sauf les mots en italique, qui ne se trouvent pas dans l'édition de 1753.

Pensée 284, p.
Comme ci-contre, moins les mots en italique.

Brandebourg, qui inspira à Frédéric I, le désir de se faire roi ?

Pensée 288, p. 242.

Le feu roi de Prusse, n'était pas un aussi petit esprit que l'on croit communément. *Otez-lui cette passion pour les géants qui sembloit étouffer en lui tout sentiment d'humanité, vous verrez de grands traits dans sa vie.* La plupart des beaux établissements *que nous admirons parmi les Prussiens lui sont dûs. Son fils a tant de vertus, de talents, de gloire personnelle, qu'on peut dire hardiment, que c'est à son père que le Brandebourg est redevable de l'État où il est aujourd'hui. Si l'on en excepte les arts et le commerce, le grand Electeur avait des vues plus étendues, plus sûres pour l'augmentation réelle de sa puissance : son petit-fils, qui ne pensoit qu'au présent, a donné à son père cette puissance, qui ne tient, à la vérité, qu'à la vie de 150 mille hommes, dont la perte serait impossible à réparer, mais qui, dans les premières années de sa vigueur, peut s'étendre à force de ravages et de victoires, s'affermir par de bons traités, se perpétuer par l'adoption facile et la pratique constante d'un meilleur système.* C'est lui qui disciplina cette grande armée à laquelle il était si aisé, etc.

Page 243, même pensée, lig. 5.

Après cet ordre admirable, l'auteur avait ajouté : *qui peut servir de modèle aux meilleurs pères de famille.*

Pensée 288, p. 238.

Le feu roi de Prusse n'étoit pas un aussi mauvais politique qu'on le croit communément, la plupart des bons établissements lui sont dus. L'Europe ne sait pas que ce sont les vertus du père qu'elle admire dans le fils.

Ce qui précède est une addition indiquée dans les *lacunes*, p. 12, comme devant être placée au commencement de la pensée 288, pensée qui, avant l'addition, commençait ainsi qu'il suit :

Le feu roi de Prusse lui seul disciplina cette grande armée, etc.

Le reste comme dans la 6ᵉ édition, sauf les mots en italique ci-contre.

Pensée 290, p. 244.

Il faut que la Prusse tombe ou qu'elle s'élève encore plus haut. Il faut qu'elle perde la Silésie ou qu'elle acquière la Bohême.

Pensée 290, p. 239.

La Prusse est dans une position forcée. Il faut qu'elle acquière la Bohême, ou qu'elle perde la Silésie.

lacunes p. 12.

Pensée 291, p. 244.
Prédictions, etc.

Pensée 291, p. 239.
Prédiction, etc.

Lacune remplie d'une manière à peu près identique dans les deux éditions. La seule différence est dans la phrase : *Sous ce roi-ci, il n'y a rien à craindre*, qui ne se trouve pas dans l'édition de 1753.

Pensée 294, p. 245.

Observez la marche de l'esprit de commerce, de Venise et de Florence aux villes anséatiques, des villes anséatiques à Bruges et à Anvers, d'Anvers à Amsterdam, d'Amsterdam à Londres, de Londres dans tout le reste de l'Europe. Point de commerce plus négligé que le commerce de la Mer-Noire, etc.

Pensée 294, p. 240.

La pensée commence aux mots Point de commerce, etc., et contient l'addition finale faite de la main de La Beaumelle sur la 6ᵉ édition. Comment se fait-il donc qu'elle ne contienne pas l'addition initiale, soulignée, ci-contre ?

Pensée 296, p. 245.

Après les mots : augmenté les fonds, l'auteur ajoute : Voilà ce qu'on dit tous les jours. *Il me semble qu'on se trompe. La découverte de l'Amérique a augmenté la richesse, en ce qu'en facilitant la circulation par la multiplication des signes, elle a animé l'agriculture et l'industrie. La terre produit plus de denrées, les arts plus de superfluités.*

Pensée 296, p. 241.

La seule addition est la suivante: Voilà ce qu'on dit tous les jours : Le reste n'a pas été imprimé.

Pensée 300, p. 246 et 247.

Le commerce est ambitieux : Nos rois l'ont bien senti. Aussi ont-ils mis en leurs mains la Compagnie des Indes, moins pour être paiés de

Pensée 300, p. 242.

La pensée entière est ainsi imprimée dans l'exemplaire Saint-Ybarr.

« Les Hollandais n'ont étendu

leurs avances que pour tranquilliser l'autorité. En Danemark, la Compagnie de la Chine appartient aux intéressez : aussi le Danois est-il moins esclave. Cependant il est vraisemblable que le Prince préviendra l'indépendance que cette Compagnie inspire insensiblement à son peuple, et qu'elle deviendra entre les mains du despote un instrument d'opression. Dans une monarchie la liberté ne peut renaître que d'une minorité, de la tyrannie, d'une hérésie et du commerce. Si les mines du Pérou apartenaient aux Espagnols, les Parlemens et les Etats provinciaux auraient beau mollir, le Conseil promettre, flater (sic), corrompre, l'armée menacer, l'inquisition sévir, l'Espagne seroit libre. Plus le commerce est protégé, plus il fleurit. Il faut donc que les lois de succession aient peu d'égard au droit d'aînesse dans les villes maritimes.

» leur commerce qu'avec des voi-
» les. Les Anglais l'étendent l'épée
» à la main ». (Voyez lacunes, p. 14).

Plus le commerce est protégé, plus il fleurit. Il faut donc que les Lois de succession aient peu d'égard au droit d'aînesse dans les Villes maritimes.

Pensée 313, p. 252.
Le défaut de la plupart des hommes d'Etat, c'est de s'arrêter trop tôt, *de ne pas presser leurs entreprises, de n'exécuter qu'à demi. Richelieu, le duc d'Orléans, Retz, Louvois, soit que les difficultés les rebutent.*

Pensée 313, p. 247.
Identité dans les deux éditions, sauf les mots ci-contre en italique et la lacune S. i, ici non remplie, et qui l'a été dans la 6e édition, par les mots *Sans souci.*

Pensée 301, p. 247.
La pensée commence ainsi : Les vivres sont un tiers, etc.
L'addition ci-contre la précède dans l'édition de Berlin, 1753.
Il semble que le païs, etc.

Pensée 301, p. 242.
« *Il semble que le païs le plus*
» *fertile devrait être aussi le plus*
» *riche. Cela n'est pourtant point.*
» *La France peut nourrir le double*
» *de ses habitants, et la Hollande*

Pensée 303, p. 248.

La lacune rétablie après : De riches marchands, etc., n'offre de différence dans les deux éditions que par ces mots, ajoutés à la 6e et manquant dans la 7e : *car qu'est-ce qu'un prince ? C'est l'homme le plus riche de son païs. Les His, les Pels, etc., etc.*

Pensée 304, p. 248.

A la fin, après les mots, *les plus méchants*, on lit : *Le romain s'écria, en élisant Valérien empereur : que celui-là nous gouverne qui est plus homme de bien que nous tous.*

Pensée, 358, p. 259.

Au commencement de la pensée, avant les mots : le prince ne peut être jugé, etc., on lit : *Le Parlement ne peut jamais faire le procès au Roi. La Constitution serait détruite : mais le peuple peut le juger et le punir, parce qu'il a le droit de juger le Parlement, qui n'est que son commis.*

Le prince ne peut être jugé, etc.

Pensée 361, p. 259.

Aucune addition dans mon texte.

» *ne peut pas nourrir la huitième* » *partie des siens.* » (Voy. *lacunes* p. 14.) Les vivres sont un tiers plus chers etc.

Pensée 303, p. 243.

Voy. *lacunes* p. 15.

Pensée 304, p. 243.

L'addition manque.

Pensée 358, p. 361.

L'addition ci-contre ne figure pas au commencement de la pensée.

Pour le reste, il y a identité dans mon exemplaire et dans celui de M. St-Ybarr.

Pensée 361, p. 261.

A la fin de la pensée, après le mot *ordre*, sont ajoutés ceux qui suivent :

Les Tartares et les Russes ne la conquerront qu'en se civilisant.

Pensée 383, p. 261.
Q. d. t. c. q. v. l. m. d. Grandier. m. f. f.
Lacune non rétablie dans mon édition.

Pensée 382, p. 266.
« Qu'on dise tout ce qu'on vou-
» dra, la modération d'Urbain
» Grandier me fait frémir. »

Pensée 398, p. 264.
Le Duel a résisté au bon sens, à la religion, aux lois, à la honte même : il ne mourra point. *Un affront sera toujours un affront en dépit des princes et des prêtres.*

Pensée 396, p. 277.
L'addition en italique ne se trouve point ici.

Pensée 399, p, 264.
Il est bon que le duel subsiste pour nous avertir *que nous n'avons pas toujours été esclaves.*
                              lacune.
Le duel n'est-il pas moins cruel, moins contraire à la loi naturelle que la question, qui a succédé parmi nous aux combats judiciaires ? Tous les casuistes s'élèvent aujourd'hui contre le duel, que la religion avoit autrefois consacré. Pas un ne désapprouve la question, que les Romains ne donnoient qu'aux esclaves, c'est-à-dire à des gens qui étoient toujours sous puissance de mort.

Pensée 397, p. 277.
Lacune non remplie dans l'édition de 1753.
L'addition en italique : Le duel n'est-il pas moins cruel, etc., n'y figure pas non plus.

Pensée 415, p. 281.
Pas de changement dans les deux premières pages (181 et 182). A la page 183, ligne 7, après le mot conquérant, on lit : *Il (Louis XIV) érigea des chambres royales, où les sujets étoient juges, témoins et parties contre des souverains ; il cita des princes* comme des vassaux, etc.
Même page, ligne 14.

Pensée 413, p. 293.
Aucune addition.

Au lieu de 1688, qui figure dans l'édition de Berlin, lisez 1686.

Même page, on lit en marge et au bas : *Richelieu avoit posé les fondemens de sa puissance ; Mazarin en avait élevé l'édifice. Jeune, vigoureux, impénétrable dans ses desseins, plein de courage et d'ambition, supérieur à tous les princes de son tems, environné de héros que les guerres civiles avoient formés, servi par des ministres qui ne le gouvernoient pas, maître absolu d'un peuple belliqueux,* Louis XIV, ne parvint à cet instant de la monarchie universelle qu'en foulant ses sujets pendant tout son règne.

Page 286, à la fin, après le vrai monarque du monde, n'est-ce pas celui qui fait tout le commerce, *celui qui, maître de tout l'argent, peut acheter les denrées, les forces, les vertus de toutes les nations ?*

Pensée 416, p. 287.
A la fin, addition.
Aujourd'hui la querelle des marchands est la querelle des nations.

Pensée 418, p. 288.
Après la pensée CCCCXVIII, on lit :
Que le Roi d'Espagne seroit grand s'il ne craignoit d'être damné !

Pensée 414, p. 295.
Aucune addition.

Pensée 416, p. 299.
Aucune addition.

N. B. Les pensées 93, 112, 210, 251, 310, 311, 336, 338, 339, 348, 352 et 357 de l'édition de Berlin (1753) manquent dans mon exemplaire ; et, par suite, les lacunes qu'elles renferment et qui ont été remplies dans l'*appendice*, ne s'y trouvent pas non plus.

PENSÉES INÉDITES DE LA BEAUMELLE, ÉCRITES DE SA MAIN SUR MON EXEMPLAIRE.

I.

Sur le verso de la couverture, on lit :
« Eh ! ne peut-on pas plaire par la seule force de la vérité ? »

II.

A l'article de la liberté de penser, veut-on mettre la « France au même niveau que la Russie, ce malheureux pays, où l'on ne peut parler haut, de peur d'être entendu, où l'on ne peut parler bas, de peur d'être écouté ?

III.

« Quand les terreurs multipliées nous auront réduit (sic) à une crainte habituelle, nous n'aurons plus notre gaîté, notre vivacité, notre étourderie, notre point d'honneur. Nous ne serons plus nous. La France tombera, parce que c'est à l'esprit français qu'elle doit son élévation et qu'on ne survit pas *lontems* (sic) à son esprit. »

IV.

Sur une feuille intercalée, on lit :
« Qu'est-ce qu'une loi fondamentale ? Une loi qui a pour garant le serment de la Nation. »

Page 240, Pensée ccLxx (chiffre indiqué par La Beaumelle.)
Le peuple n'a pas assez de pouvoir dans les Etats particuliers de chaque principauté. Le païs de Wirtemberg où le Tiers Etat a beaucoup d'influence dans les délibérations de la Diète est le plus florissant de tous. Ailleurs, les Etats composés d'une noblesse puissante et d'un prince faible s'unissent toujours au prince pour *oprimer* (sic.)

Page 249, Pensée ccxcvi (chiffre écrit par La Beaumelle.)
« Que les peuples qui veulent être libres se méfient des titres et des distinctions. Eric n'introduisit en Suède les titres de *comte* et de *baron* que pour gagner quelques nobles, pour en humilier quelques autres, pour les soumettre tous, en les divisant tous.

« Les ordres de chevalerie semblent insulter la liberté. N'est-il pas assez dur pour un citoïen (sic) qu'un citoïen soit plus noble, plus riche et plus élevé que lui? Faut-il encore lui montrer un signe qui *rapelle* (sic) à ses yeux une supériorité souvent équivoque, une préférence toujours odieuse? »

Pensée CLXVIII (à placer après la p. 148).

« Le *comerce* (sic) doit être libre. Maxime ignorée en France comme en Angletterre, et pratiquée seulement en Hollande dans toute son étendue.

» Mais jusqu'où doit aller cette liberté? Question qu'on ne résoudra jamais dans le conseil des Princes. Doit-on supprimer toute inspection et tout règlement tendant à borner la quantité de marchandises à fabriquer, ou à déterminer la manière dont elles doivent être fabriquées?

» D'un côté, il semble que le commerce ne doit avoir que les lois et les limites qu'il se prescrit lui-même. L'intérêt est son ressort, l'intérêt doit le régler : il le règlera bien, il est assez éclairé pour qu'on puisse s'en fier à lui.

» D'un autre côté, la malefaçon, l'excès ou le manque de marchandises sont à craindre. Un fabricant se négligera pour faire de gros profits. Le public sera trompé ; sa fabrique, sa ville, sa province tomberont dans le discrédit.

» On peut répondre que le fabricant verra qu'il lui est essentiel d'être honnête homme. Instruit par ses premières pertes, qui suivront rapidement ses premiers gains, il reviendra de lui-même à une bonne fabrication.

» On peut répliquer : 1° Que cette fabrique, cette ville, cette province, auront peut-être perdu tout leur crédit, que l'étranger aura profité de leurs fautes, et que le mal sera connu trop tard pour que le remède soit possible.

» 2° Que c'est mal connoître l'homme que de croire qu'il entende toujours ses vrais intérêts, ou qu'il soit ordinairement corrigé par ses fautes.

» 3° Qu'il est bien plus utile de le prévenir, de le renfermer, sans le gêner, dans des lois qui lui sont utiles et ne lui sont point onéreuses, en un mot, de le forcer, pour ainsi dire, à bien faire.

» On peut objecter qu'il est bon que dans un Etat il y ait de bonne et mauvaise marchandise, afin qu'il y en ait à tous prix, pour la diversité des conditions et d'une beauté *aprochante* (sic) de la beauté réelle, pour satisfaire aux demandes du luxe, si souvent partagé entre le désir de briller et la nécessité de l'économie.

» Je réponds, que, quant à la diversité des marchandises, elle doit être soumise à des règlements : sans quoi le bas prix d'une mauvaise marchandise est un piège tendu au peuple et à l'ignorant. Il faut donc des inspecteurs qui veillent sur les maléfaçons, afin que l'Etat puisse être garant au citoïen, que la marchandise qu'il achète a la même valeur que l'argent qu'il lui *peïe* (sic). Quant aux égards qu'on demande pour le luxe, le luxe qui tend à avancer la ruine des nations, n'en mérite aucun.

» L'expérience décidera bientôt la question que je viens de discuter. Nous verrons ce que produira l'extrême liberté accordée aux fabriques de Nîmes, au mépris de tous les règlements. »

Ces réflexions de La Beaumelle ne manquent pas d'à-propos, on le voit, en face des idées qui ont été émises, ces jours derniers, au sein du Corps législatif, par quelque-uns de nos plus brillants orateurs ou de nos hommes d'Etat les plus compétents pour juger l'épineuse question, soulevée, en passant, par l'auteur des Pensées.

Sur une feuille intercalée à la suite de la page 300, on lit : ccccxli (chiffre de la main de La Beaumelle.)

« Quelques-uns disent, qu'il est bon que le roi de France doive à ses sujets. Il est donc utile que le roi *s'endéte*, que le roi se ruine, que le roi soit forcé d'accabler son peuple d'impôts. Que le roi doive, il doit à des sujets aisés et oisifs. Qu'il *peïe* (sic), il faut qu'il recoure à des sujets industrieux ou pauvres. Il faut, ajoute-t-on, qu'un peuple soit ataché à son prince, et l'intérêt est le plus fort des liens.

» Le francois tient à son roi par des nœuds assez forts, et si le commerce, le luxe, l'abondance en brisoient quelques-uns, il seroit toujours dangereux de substituer le lien de l'intérêt à la chaîne de l'amour.

» Il est bon que le roi doive à l'étranger, pourvu qu'il lui doive beaucoup, qu'il ne *crègne* (sic) pas, qu'il puisse *le peïer* (sic) et qu'il ne le *peïe* (sic) point. »

Sur la dernière feuille blanche intercalée, on lit cette pensée, qui ne manque pas d'une certaine actualité :

« Nous aurons bientôt tant de soldats pour défendre nos moissons, que nous n'aurons plus de moissons. » Et un peu plus loin : « Le duc d'Orléans et Henri IV, les princes les plus faits pour les Français. »

Je ne suis, je le reconnais sans peine, ni politique assez habile, ni philosophe assez profond, ni littérateur assez érudit, ni critique assez autorisé, pour avoir la moindre prétention à juger en dernier ressort l'œuvre de La Beaumelle; mais si je m'en rapporte à l'impression générale qu'elle m'a laissée, je trouve que, parmi bien des pensées vulgaires, fausses ou d'une médiocre portée, il en est de justes, d'originales, de spirituelles et de très-hardies pour l'époque et eu égard aux lieux où elles se sont produites. Bon nombre d'entre elles sont rendues avec énergie et avec un grand bonheur d'expression. Plusieurs même ne manquent pas de profondeur, et celles-là surtout causent un certain étonnement, quand on songe qu'elles émanent d'une tête de 26 ans, tête assez folle, du reste, assez mal réglée, à ce qu'il paraît, naturellement frondeuse, mais, au demeurant, courageuse dans l'attaque, vigoureuse dans la défense, ennemie de tout sot préjugé, de tout privilége fondé sur l'injustice, et surtout enthousiaste de liberté. Presque au même titre, mais à un degré bien inférieur à Voltaire et à Rousseau, à d'Alembert et à Diderot, La Beaumelle me semble un précurseur lointain, un ouvrier anticipé de la Révolution française. Laissant de côté les paradoxes, les maximes condamnables ou hasardées qui se rencontrent par-ci par-là dans tout l'ouvrage, il me paraît difficile d'adresser aux rois de plus dures vérités, aux courtisans des paroles plus sarcastiques et plus méprisantes, aux peuples des avis plus salutaires et plus sensés.

Seulement, tout cela est dit avec un ton dogmatique, avec une assurance, avec une foi dans son infaillibilité, avec un orgueil juvénile dont nous avons la preuve dans ces mots pleins de jactance qui servent de conclusion au livre des *Pensées* : « Toutes ces réflexions sont écrites avec assez de liberté, parce que j'ay cru qu'on pouvait étendre au bon sens ce que le roi sous lequel je vis a dit du génie dans ce beau mot : « JE NE VEUX POINT QUE LE GÉNIE SOIT CONTRAINT DANS MON PAYS. »

« S'il y a des fautes dans ce livre, elles ne seront aperçues que de ceux qui le croiront le plus beau de tous. C'EST L'EUCLIDE DES POLITIQUES » (1).

J'en demande pardon à l'auteur des *Pensées* ; mais si le maréchal de Grammont a pu dire, en toute vérité, que les Œuvres de Corneille devraient être le *Bréviaire des rois*, il ne me paraît pas aussi bien démontré que La Beaumelle ait été autorisé à croire, et surtout à dire de son livre qu'il est l'*Euclide des Politiques*.

(1) La Beaumelle, MES PENSÉES, édit. de Berlin, 1753, p. 436.

Du reste, sa raison, mûrie par l'âge et par l'expérience des hommes et des choses, a jugé sévèrement (1), trop sévèrement peut-être, l'œuvre audacieuse de son adolescence, et nous sommes de ceux qui pensent qu'il doit lui être beaucoup pardonné, parce qu'il a beaucoup souffert.

(1) « Vous répétez, dit La Beaumelle à Voltaire dans sa *Réponse au Supplément*, vous répétez en mille endroits que vous faites peu de cas du *qu'en dira-t-on*.
» Vous l'estimiez en 1751 ; mais je vous défie d'en faire aujourd'hui aussi peu de cas que moi.
» Vous en critiquez quelques morceaux.
» Aux invectives près, je suis assez de votre avis.
» Mais pourquoi tant de véhémence contre un livre que vous méprisez ? Le mépris est si froid, et vous l'êtes si peu !
» Vous essayez d'en remplir quelques vides (*lacunes*), avec initiales et points énigmatiques.
» Vous avez très-mal deviné.
» Vous voulez qu'il ne s'en soit pas fait six éditions.
» Cependant, il s'en est fait une à Copenhague, une à Berlin, une à Leyde, une à Amsterdam, deux à Francfort, une à Bruxelles, une à Trévoux, sans compter une traduction allemande et une traduction angloise. Il est vrai que cela ne fait pas six ; mais y en eût-il mille, je n'en croirois pas mon livre meilleur. Vous insinuez qu'il est méchant ; qu'il vous suffise que je l'avoue mauvais. Et permettez-moi d'être aussi content de mes sentiments que je le suis peu de mes *Pensées* (*).

(*) La Beaumelle, Réponse au *Supplément* du siècle de Louis XIV, p. 374 ; Colmar, MDCCLIV.

NOTES ET RENSEIGNEMENTS DIVERS.

Note A.

Mme Aglaé Gleizes, fille de La Beaumelle, était née à La Nogarède (Ariége), le 6 septembre 1768. Elle avait épousé, en 1794, J.-A. Gleizes, le sentimental auteur de *Thalysie ou la Nouvelle existence*, et de plusieurs autres ouvrages littéraires ou philosophiques, qui tous portent l'empreinte de l'originalité de son esprit et de l'excellence de son cœur. Alphonse Esquiros, qui lui a consacré, dans la *Revue des Deux-Mondes* (année 1846) un très-intéressant article, intitulé : *Les Excentriques*, Alp. Esquiros a parfaitement caractérisé J.-A. Gleizes, en disant de lui que « *c'était l'âme d'un Brahme dans le corps d'un Français.* » L'auteur de *Thalysie* ressemblait encore aux Brahmines en ce que, comme eux, il s'était condamné au régime végétal, et qu'il resta toute sa vie fidèle à ce régime, selon lui, essentiellement naturel et moralisateur (*).

Victor-Moïse-Susanne-Laurent Angliviel de La Beaumelle, frère de Mme Aglaé Gleizes, s'était acquis aussi un certain renom par diverses publications littéraires ou philosophiques, notamment par ses *Lettres sur la guerre avec l'Espagne et l'excellence de cette guerre*. Ses talents militaires le firent surtout distinguer non-seulement en France, où il parvint au grade de commandant du génie, mais encore en Amérique, où il entra au service de l'empereur du Brésil, et mourut avec le grade de colonel (1831).

Quant à Mme Aglaé Gleizes, sans avoir la moindre prétention à la célébrité, mais uniquement pour remplir un devoir qui lui était dicté par sa piété filiale, elle écrivit, en collaboration avec son frère, la préface du livre de l'*Esprit*, ouvrage de La Beaumelle, qui fut publié, après sa mort, par les soins de ses deux enfants.

Mme Aglaé Gleizes faisait quelquefois des vers: elle les faisait sans prétention, comme ils lui venaient au cœur et à l'esprit. J'en ai lu d'elle de fort gracieux et de fort bien tournés sur Charlotte Corday, sur Mme de Maintenon, etc., etc.

Voici ceux qu'elle a mis au bas des portraits de son père, de son frère et de son mari :

Portrait de La Beaumelle père.

L'auteur de ce salon (**) embellit le séjour
Où le fixaient la paix, et l'hymen et l'amour.
De Maintenon, bien jeune, il fit son héroïne :
Son ami, son conseil du bon La Condamine.
 En les plaçant auprès de lui,
D'un devoir filial, je m'acquitte aujourd'hui.

(*) Pour plus de détails, outre l'article d'Alp. Esquiros, déjà cité, voyez l'article GLEIZES, que nous avons nous-même publié dans la *Bibliographie universelle* Michaud.
(**) Le salon dit des *Illustres*, au château de *La Nogarède*.

Portrait de La Beaumelle fils.

Philosophe, savant, littérateur, poète,
Il offre de Leibnitz la vaste et forte tête.

Au bas du portrait de son mari.

Sincère adorateur d'un Dieu plein de bonté,
De tout être sensible il respecta la vie,
Et fit rougir l'humanité
Qu'étonna sa phrase hardie.

M︎︎ᵐᵉ Aglaé Gleizes mourut à un âge très-avancé (84 ans), dans son château de la Nogarède, le 25 mars 1853. Elle emporta dans la tombe les regrets de tous ceux qui avaient pu la connaître et l'apprécier.

A l'occasion de la Notice qu'on vient de lire, et d'après le désir que je lui ai manifesté, M. Jules Gleizes, neveu par alliance de M︎ᵐᵉ Aglaé Gleizes, a bien voulu faire photographier, à mon intention, le portrait de cette aimable femme, aussi distinguée par les grâces de son esprit que par l'exquise bonté de son cœur. Que M. J. Gleizes me permette de consigner ici l'expression de ma sincère gratitude pour le don précieux qu'il m'a fait.

ÉDITIONS DIVERSES DU LIVRE *MES PENSÉES*.

Note B.

Nous avons pensé que le lecteur nous saurait gré de reproduire ici la note suivante que M. N. Saint-Ybarr a bien voulu nous communiquer.

1ʳᵉ édit. *Copenhague*, 1751, gr. in-12, sans nom d'imprimeur, III-407 p. 11. 240 pensées.

A la page 69, n° XLIX, se trouve la malheureuse pensée sur Voltaire. Nulle part, des lacunes avec initiales et points énigmatiques.

2ᵉ édit. *Berlin*, 1752, petit format in-12; 240 pensées. Réimpression de l'édition de Copenhague (Quérard).

3ᵉ édit. *Hambourg*, février 1752. La Beaumelle lui-même avoue cette réimpression dans sa *Lettre sur ses démêlés avec M. de Voltaire.*

4ᵉ édit. *Francfort*, septembre ou octobre 1752. Augmentée d'un grand nombre de pensées nouvelles avec ou sans points énigmatiques.

C'est de cette édition que Voltaire s'est servi pour ses citations, soit dans sa *lettre* à M. Roques (22 novembre 1752), soit dans sa *lettre* à M. Formey, du 17 janvier 1753, soit enfin dans son *Supplément au siècle de Louis XIV* (1753), et dans ses *Honnêtetés littéraires* (1767). Il l'appelle à tort 2ᵉ édition. Il raconte à M. Roques, dans une lettre du 16 décembre 1752, que « le magistrat fit saisir le tirage que La Beaumelle avait fait de son livre dans cette ville. » Il n'a tiré, dit-il encore à Formey, que peu d'exemplaires dans ce goût-là... il a substitué d'autres feuilles dans d'autres exemplaires.

5ᵉ édit. *Leyde* ou *Amsterdam*, ou *Trévoux*, ou *Bruxelles* ou encore *Francfort*. Car La Beaumelle dit dans sa *Réponse au Supplément du siècle de Louis XIV*

(1754), qu'il s'est fait éditions de ses *Pensées* : une à Bruxelles, une à Francfort, une à Leyde, une à Amsterdam, une à Trévoux. Toutefois, il n'en avoue que deux : celle de *Copenhague* et celle de *Francfort* comme ayant été faites par lui. Mais il se donne un démenti à lui-même dans sa *Lettre sur ses démêlés avec M. de Voltaire*, où il déclare à ce dernier qu'il faisait, en février 1752, une édition de son livre à Hambourg. En somme, cette énumération nous conduit, comme il le dit lui-même (*loc. cit.*) à *plus de six* éditions ; et cependant il ne mentionne pas la sixième.

6e édit. Imprimée à Londres, chez Nourse (1752), augmentée de plus de moitié (242 pages, 423 pensées). Elle porte sur le titre la mention de 6e édition, et pour la première fois l'épigraphe : « *Je ne voudrais pas fâcher un homme pour avoir dit la vérité.* » Henri IV.

Elle fut réimprimée la même année, au même lieu, chez le même libraire, avec le même titre, le même format (petit in-12) et la mention 6e édition : mais cette réimpression avait 325 pages et 455 pensées.

7e édit. *Berlin*, 1753. Même épigraphe que la sixième : petit format, de 436 p. et 522 pensées. Cette édition offre cette particularité remarquable, que les lacunes des *Pensées* où se trouvent des initiales ou des points sont comblés dans un petit cahier de 22 pages, placé à la fin du volume.

Cette septième édition fut reproduite à *Paris* chez Rolin, en 1753, petit format, 347 pages, 502 pensées.

La même année, 1753, on imprimait à Berlin un supplément à MES PENSÉES ou *addition de la 6e à la 5e édition*, qui comprenait sans doute les additions faites par La Beaumelle à sa seconde édition, et qui était destinée à compléter une réimpression de la première édition. Le volume porte, en effet, sur le dos : *Mes Pensées*, tom. II. Il renferme 267 pensées et 139 pages. Les deux volumes réunis auraient eu ainsi 507 pensées, plus la conclusion du tome II.

8e édit. *Berlin*, 1755, elle reproduit les 240 pensées de la première édition, par un supplément paginé à part, sous le titre d'addition à la 6e édition jointe à la 5e, donne les pensées comprises dans le supplément de 1753 ; le volume contient ainsi 507 pensées en tout.

10e édit. *Berlin*, 1761, la même que la précédente, si ce n'est que le supplément n'est point paginé à part.

11e édit. *Amsterdam*, Joly, 1768, 3 parties, in-12.

La 3e partie contient le supplément qui renferme 255 pensées, plus une addition de 4 pages et 12 pensées.

Ainsi, le livre des *Pensées* était comme on le voit, continuellement remanié par La Beaumelle. L'auteur mourut en 1773, à l'âge de 48 ans : La Beaumelle était né à Villerangue (Gard), le 28 janvier 1726. Il mourut à Paris le 17 novembre 1773. Mais son ouvrage fut encore réimprimé en 1780, à Berlin et à Copenhague. Il avait donc eu au moins 12 éditions.

Dans cette liste, si soigneusement dressée par M. Saint-Ybarr, ne figure peut-être pas une édition dont je ne possède que les six derniers feuillets, et qui comprenait 302 pages et 450 pensées. Celles qui portent les n°s 445, 446 et 447 présentent des lacunes qui n'ont pas été comblées par l'auteur.

La dernière pensée est ainsi conçue :

« Si Montesquieu avait écrit en Angleterre, son livre serait plus vrai, et par conséquent moins bon. » N. J.

LETTRES INÉDITES DE LA BEAUMELLE ET DE MONTESQUIEU.

Nous reproduisons, à titre de simples documents littéraires, trois lettres autographes qui font partie de notre collection. Les deux premières sont de La Beaumelle, l'autre, de Montesquieu.

St-Germain, 22 mai 1754.

« Madame, je vous souhaite le bon jour, J'envoie sçavoir comment vous vous portés, à quelle heure vous me permettrés de vous faire ma cour et si Monsieur de La Condamine viendra ici aujourd'hui. Je suis avec un profond respect, Madame, votre très-humble et très-obéissant serviteur.

LA BEAUMELLE.

Autre lettre de La Beaumelle, sans date.

« Loué soit mille et mille fois le Dieu des grâces et du goût ! Vous voilà donc enfin, Madame, rendue à Paris et vous daignez m'en donner avis ! Que j'ai bien mérité cette attention par l'impatience avec laquelle j'ai supporté votre séjour à Mantes et à St-Oüen.

LA BEAUMELLE.

Lettre de Montesquieu à La Beaumelle.

A Monsieur de La Beaumelle, à Paris.

Il m'est impossible de sortir; cependant j'aurais bien des choses à dire, et importantes à M. de La Beaumelle. S'il pouvait venir prendre une tasse de thé ou de *caffé* (sic) chés moy nous pourrions parler ensemble. Je l'embrasse de tout mon cœur.

Paris, samedy.   MONTESQUIEU.

———

Enfin, comme contraste aux lettres quelquefois pleines de violence adressées par Voltaire à La Beaumelle, nous transcrivons ici ce passage de la *Réponse au Supplément*, etc.

La Beaumelle à Voltaire, après une commune disgrâce.

« Nous voilà libres, Monsieur; vengeons nous des disgrâces en nous les rendant utiles. Laissons toutes ces petitesses littéraires, qui ont répandu tant de nuages sur le cours de votre ire, tant d'amertume sur ma jeunesse. Un peu plus de gloire, un peu plus d'opulence; qu'est ce que tout cela? Cherchons le bonheur, et non les dehors du bonheur. La plus brillante réputation ne vaut jamais ce qu'elle coûte. *Charles-Quint* soupire après la retraite; *Ovide* souhaite d'être un sot.

« Nous voilà libres. Je suis hors de la Bastille ; vous n'êtes plus à la cour de Berlin. Profitons d'un bien qu'on peut nous ravir à tout moment. Respectons cette grandeur dangereuse à ceux qui l'approchent, et cette autorité terrible à ceux mêmes qui l'exercent ; et s'il est vrai qu'on ne peut penser sans risque, ne pensons plus. Tous les plaisirs de la réflexion valent-ils ceux de la sûreté ? Croyons en, vous, soixante ans d'expérience ; moi, six mois d'anéantissement. Soyons plus sages, ou du moins plus prudents, et les rides de la vieillesse, et le souvenir des verrous, ces outrages du temps et du pouvoir, deviendront pour nous de vrais biens. »

www.ingramcontent.com/pod-product-compliance
Lightning Source LLC
Chambersburg PA
CBHW061010050426
42453CB00009B/1353